Industrietourismus
Die touristische Inwertsetzung von Industriebrachen

FALLBEISPIEL: NORDRHEIN-WESTFALEN

JAN-MAGNUS ARNDT

STUDIENARBEIT

UNIVERSITÄT REGENSBURG - UR

Inhalt

1. Einleitung

Der grüne Punkt – für viele Haushalte in Deutschland symbolisiert er Nachhaltigkeit und Wiederverwertung, das so genannte Recycling. Aus vermeintlichen Abfallprodukten werden mit Hilfe verschiedenster Verfahren neue Dinge hergestellt, die für den Verbraucher teilweise auf eine völlig andere Art und Weise von Nutzen sind. Zu finden ist diese Methode des Wiederverwendens bei Produkten jeglicher Art, ob nun bei Flaschen, Dosen oder Papierabfällen.

Seit einigen Jahren wird eine ähnliche Form des Recycelns auch im Bereich der Industrie, wie bei Tage- und Untertagebau oder Zechen angewandt. Hierbei werden alte Industriestätten zu Tourismusattraktionen umgebaut und es entstehen Museen, Abenteuerplätze oder Parks. Die Gründe, alte, ausgediente Maschinerien, Fabriken und Zechen nicht einfach ungenutzt verrotten zu lassen und Arbeitsplätze in einem anderen, dem Dienstleistungssektor zu schaffen, sind gerade in wirtschaftlich gebeutelten Gegenden wie dem Ruhrgebiet offensichtlich.

Veranstalter und Aussteller sind sich natürlich der Risiken des Industrietourismus bewusst, da dieser von den üblichen Erwartungen vieler Touristen abweicht, zumal hier der Zweck und nicht das Visuelle im Vordergrund steht. Wenn Menschen das Wort „Tourismus" hören, denken die meisten an Sonne, Strand und Meer oder vielleicht noch an einen Tagesausflug in eine andere Stadt. Sich aber in einer alten Industrieanlage, oder in einem Bergwerk aufzuhalten, können sich die wenigsten vorstellen. Dabei sollen hier die geschichtlichen Aspekte den Besucher anziehen, da im Ruhrgebiet immerhin nicht nur zur Blütezeit der Industrie, in den fünfziger Jahren, sehr viele Arbeitsplätze geschaffen, sondern sogar mehrere Generationen in ihrer Lebensweise, geprägt durch die Industrie, auch kulturell beeinflusst wurden. Durch Gedanken wie diesen wird versucht Touristen für die doch meist kahl, alt und dreckig wirkenden Industriestätten zu begeistern. Manfred Sack drückt dies in seinem Werk „Siebzig Kilometer Hoffnung" wie folgt aus: „Ingenieurwerk, das nicht schön auszusehen, sondern zu funktionieren hatte, dessen ästhetischer Ehrgeiz sich infolgedessen auch nur dem eröffnet, der sich den zweiten Blick darauf leistet und in allem, was er hier sieht, auf einmal eine großartige technische Komposition erkennt." (Sack 1999: 8).

Im Folgenden wird die touristische Inwertsetzung von Industriebrachen vorerst durch Begriffsdefinitionen und Grundlagen und schließlich, mit einem Blick auf Fallbeispiele, näher erläutert.

4

2.   Begriffsgrundlagen und –erklärungen

2.1. Strukturwandel

2.1.1. Definition

„Der tiefgreifende Strukturwandel von der Industriegesell-schaft in die Dienstleistungs- und Wissensgesellschaft hat auf die traditionellen Industriestandorte Deutschlands und ganz Europa deutliche Auswirkungen." (Lösl, 2005: 1) Unter Struk-turwandel versteht man die Veränderung der Dominanz des primären, sekundären und tertiären Sektors. Der primäre Sek-tor umfasst Land- und Forstwirtschaft sowie Fischerei, der se-kundäre Sektor erstreckt sich über Produktion, Industrie und Gewerbe. Zum tertiären Sektor gehört die Dienstleistung. Durch technischen Fortschritt und den internationalen Wett-bewerb wird der Strukturwandel in Altindustrieregionen vor-an getrieben. (vgl. Gelhar, 2008: 72)

2.1.2. Vollstreckung in der Praxis

Mit dem Wirtschaftsboom um 1860 zog es viele Arbeiter aus dem Osten des Deutschen Reiches in das Ruhrgebiet, wo sie sich Arbeit erhofften, die sie schließlich in der Montanindustrie fanden. Ende des 19. Jahrhunderts entstanden mit Beginn der Industrialisierung die ersten Braunkohletagebaue. Kohle und Stahl waren zu dieser Zeit von großer Bedeutung. Vor Allem auch in der Nachkriegszeit benötigte Deutschland viel Stahl und Energie zum Wiederaufbau der zerstörten Städte. Während des Wirtschaftswunders in den 50er Jahren feierte die Montanindustrie Hochkonjunktur, die jedoch durch die Substitution der Kohle durch Importprodukte und billigeres Erdöl schnell eine Rezession erfuhr und schließlich in die sog. Kohlenkrise überging. Aber auch in den anderen Sektoren entstanden zu dieser Zeit viele Arbeitsplätze in der Industrie, die ebenfalls schnell wieder an Bedeutung verloren und dem Dienstleistungsbereich auf lange Sicht weichen mussten. (vgl. Kreibich, Schmid, Siebel, Sieverts, Zlonicky 1994: 10)

2.2. Industriebrachen

2.2.1. Entstehung

Hochöfen, Gasometer oder Fördertürme „sind wichtige Zeugen der 150-jährigen industriellen Vergangenheit [...] aber auch des sich vollziehenden Strukturwandels." (Klink, 2005: 4) Eine ständige Verkleinerung des Industriesektors konnte nicht aufgehalten werden und es kam, unter anderem als Folge der Kohlenkrise, zur Schließung vieler Zechen, Kolonien und Fabriken. Da diese ihren ursprünglichen Nutzen durch die Schließungen verloren, werden sie als sogenannte Industriebrachen bezeichnet. Diese Industriebrachen gehören jedoch keines Falls der Vergangenheit an, sondern beschäftigen uns auch heute noch in vielen Bereichen.

Industriebrache

2.2.2. Nachhaltigkeit

Mit den Stilllegungen kam es nicht selten einher, dass die ehemaligen Fabrik- oder Gewerbeanlagen in Vergessenheit gerie-
ten, bzw. selbst wenn sie rückgebaut wurden die Flächen oftmals keine neue Verwendung fanden. Einer nachhaltigen Lebensweise, wie sie in der heutigen Zeit des globalen Wandels
erwünscht wäre, stehen diese verkommenen Industriebrachen
entgegen. Die durchschnittliche Flächeninanspruchnahme in
Deutschland liegt bei ca. 130 ha pro Tag, (Tomerius, Preuß 2001
Difu-Reihe „Umweltberatung für Kommunen") was zeigt, dass
die brach liegenden Industrieflächen durchaus von Nutzen
seien könnten und benötigt werden.

7

Flächeninanspruchnahme pro Tag in ha

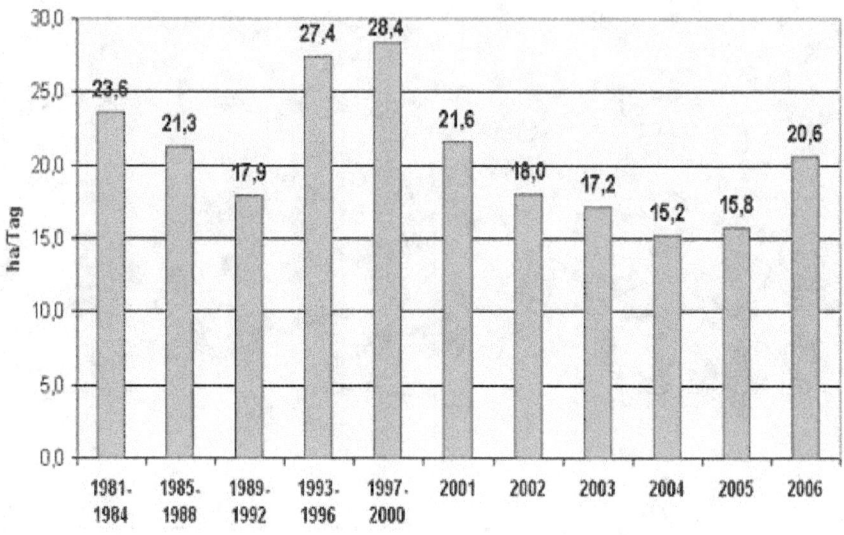

Quelle:

http://www.mediathek.bayern.de/infografiken/pic/flaecheninanspruch.gif

2.2.3. Flächenrecycling

Definition

Durch Flächenrecycling sollen diese Industriebrachen wieder in den Wirtschafts- und Naturkreislauf eingegliedert und somit nutzbar gemacht werden. „Auf alten Zechengeländen entstehen nun Rockpaläste und Museen, aus Fabrikgebäuden werden Bürgertreffs, Ausbildungswerkstätten, Handwerkerkooperativen und Wohnungen." (Habicht-Erenler 1989: 5)

8

Risiken

Solche Aufwertungen sind mit hohen Kosten verbunden, die viele Gemeinden nicht ohne Weiteres tragen können. Dies hat oftmals zur Folge, dass erhebliche Abstriche in Sicherheitsfragen genauso wie in der Altlastenbekämpfung gemacht werden. Schließlich ist es häufig der Fall, dass der Einfachheit halber früher unzugängliche und aus Sicherheitsgründen abgesperrte Areale alter Industrieanlagen für die Öffentlichkeit zugänglich gemacht werden, ohne genauestens erschlossen zu sein, was für den Besucher den Abenteuerfaktor steigern und für die Stadt den Kostenfaktor senken soll. (vgl. Ganser Interview im Film „Freiheit für Regentropfen" Focus-Film 2000)

Höchste Priorität sollte auch die Altlastenbekämpfung erhalten, vor allem wenn auf den meist kontaminierten Grundstücken von Industriebrachen Schulen, Bürogebäude oder gar Wohnungen entstehen sollen. Öffentliche Einrichtungen dieser Art, und Wohnungen sowieso, werden täglich von den gleichen Menschen genutzt, bei denen in Folge einer schlechten, unzureichenden Altlastenbekämpfung auf lange Sicht Krankheiten von Allergien bis hin zum Krebs auftreten können.

Chancen

Selbstverständlich sind neben den Risiken des Flächenrecyclings auch die Chancen zu erwähnen, die dieses für die Städte und deren Bewohner mit sich bringt.

Einerseits dient diese Revitalisierung ehemaliger Industrieanlagen den Einwohnern der Stadt selbst, indem neue Wohnräume, Bildungsstätten und Arbeitsplätze geschaffen werden. Auch auf das ästhetische Gesamtbild der Stadt wirkt sich eine solche Instandsetzung positiv aus.

Auf der anderen Seite ist es oftmals der Fall, dass von einer touristischen Inwertsetzung von Industriebrachen gesprochen wird. Diese bietet den Einwohnern selbst keinen neuen Lebensraum, ihre Stadt jedoch wird durch touristische Aufwertung der Industriebrachen für die Bevölkerung zu einem interessanten Reiseziel gestaltet.

2.3. Industrietourismus
2.3.1. Definition

Hierbei ist die Rede von Industrietourismus. Der Industrietourismus ist eine besondere Form von Kulturtourismus, wobei man unter Kulturtourismus denjenigen Fremdenverkehr zusammenfasst, dem „als Reisemotiv schwerpunktmäßig kulturelle Aktivitäten zu Grunde liegen" (Hüchering 1997: 57). Somit kann man den Industrietourismus auch als

Kulturtourismus in Industrielandschaften bezeichnen, „deren wesentliches Zielobjekt Industriebetriebe selbst und die von ihnen in charakteristischer Weise geprägten Räume sind" (Hüchering 1997: 66).

2.3.2. Funktion

Das besondere am Industrietourismus ist, dass Städte nicht wie gewöhnlich wegen ihrer Architektur, Kirchen oder Schlösser sondern auf Grund des Interesses an den industriellen Entwicklungsphasen besucht werden. Dass man den Spuren dieser Entwicklungsphasen lückenlos folgen kann ist dem Denkmalschutz zu verdanken, der verhindert, dass ehemalige Industrieanlagen einfach abgerissen werden.

Selbstverständlich kommt es beim Industrietourismus auch zu Verknüpfungen mit anderen Branchen des Kulturtourismus. Davon profitiert sowohl das kulturelle Erbe der Industrierelikte, als auch der gewöhnliche Kulturtourismus der in Städten herrscht. So beschließen zum Beispiel Touristen, die eine Stadt mit dem Ziel besuchen, eine Stadtbesichtigung vorzunehmen, sich auch noch die alten Industriegebäude anzusehen. Umgekehrt denken sich mit Sicherheit viele Besucher die eine Stadt wegen ihrer industriellen Attraktionen bereisen, dass, wenn sie schon einmal dort sind, sie sich auch die für die Stadt charakteristischen Sehenswürdigkeiten ansehen können.

3. Beispiele Industrietourismus - Nordrhein-Westfalen

3.1. Allgemeine Informationen

3.1.1. Ruhrgebiet

In Deutschland, wie in anderen Industrienationen auch, zeigt sich der Industrietourismus natürlich am ausgeprägtesten dort, wo während der Industrialisierung die meisten Fabriken, Zechen und Kolonien entstanden sind – im Ruhrgebiet.

Schon immer war die Menschheit bestrebt so viele Grünflächen wie möglich zu wahren. Leicht fiel dies jedoch zu Zeiten der Industrialisierung, in der sich Wohnblöcke und Fabriken dicht aneinander reihten, nicht. Im Ruhrgebiet lebten damals ca. 3 Millionen Menschen, heute sind es an die 5 Millionen. Dass mit der steigenden Einwohnerzahl die Zahl der Grünflächen gesunken und das Ruhrgebiet dadurch nicht attraktiver geworden ist liegt auf der Hand.

3.1.2. IBA Emscher Park

1989 kam es zur Gründung einer GmbH, die sich IBA Emscher Park nennt, wobei IBA soviel bedeutet wie Internationale Bauausstellung. „Die IBA war ein auf zehn Jahre bemessener Versuch, eine prägnante von der Industriegeschichte nachhaltig gezeichnete und verwundete Region des Ruhrgebiets zu erneuern, ihr eine neue Zukunft zu eröffnen." (Sack 1999: 9) Das

Forschungsgebiet der IBA erstreckt sich vom Westen von Duisburg, in einer Breite von ca.16 km, die Emscher entlang bis in den Osten von Bergkamen (west-östliche Länge ca. 75 km). Es handelt sich um eine Fläche von ca. 803 km², die 17 Städte mit insgesamt 2,5 Millionen Einwohnern beinhaltet. Allein davon waren 300 km² für Grünflächenplanung vorgesehen. „Quasi fünf vor zwölf gelang mit dem herausragenden Aktionsprogramm IBA Emscher Park (1989-1999) – einer Variante der regionalisierten Strukturpolitik – eine Gegensteuerung im strukturpolitischen Mittelmaß." (Gelhar, 2008: 72) Bei den mit einbezogenen Städten handelt es sich um Bergkamen, Bochum, Bottrop, Castrop-Rauxel, Dortmund, Duisburg, Essen, Gelsenkirchen, Gladbeck, Herne, Herten, Kamen, Lünen, Mülheim an der Ruhr, Oberhausen, Recklinghausen, Waltrop.

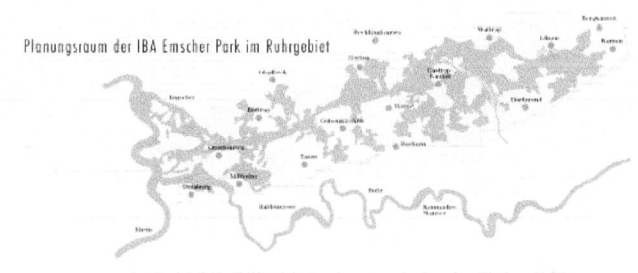

Planungsraum der IBA Emscher Park

Quelle: http://www.iba.nrw.de/images/thema/1_daten1.gif

Dieses Gebiet sollte durch Sicherstellung und Gestaltung der Landschaft das Hauptforschungsprojekt der IBA darstellen: Der Emscher Landschaftspark in Mitten einer

Industrieregion (vgl. IBA 1999: 22). Ziel des Projektes ist es durch eine höhere Lebens- und Wohnqualität sowie eine Verschönerung durch architektonische und städtebauliche Merkmale, den wirtschaftlichen Wandel einer veralteten Industrieregion hervorzurufen. Dazu werden unter Anderem 3000 neue Wohnungen gebaut und 3000 andere denkmalschutzgerecht saniert. Insgesamt umfasst das Projekt 120 Einzelprojekte und wird oftmals als Flickenteppich bezeichnet, bei dem sich Stück für Stück zu einem Gesamtbild zusammensetzt. Die Gesamtförderung durch das Land Nordrheinwestfalen und die europäische Union betrug rund 1,4 Milliarden Euro. Hinzu kamen private Investitionen in Höhe von etwa 450 Milliarden Euro. (vgl. Faust, 1999: 10)

Da auf alle Projekte einzugehen den Rahmen meiner Seminararbeit bei weitem sprengen würde, möchte ich mich im Folgenden auf das touristisch gesehen wichtigste Element der IBA Emscher Park stützen.

3.2. Route der Industriekultur

Wie bereits oben erwähnt haben im Rahmen des Projektes IBA Emscher Park die Mitwirkenden das Hauptziel, nämlich das Ruhrgebiet für die Bewohner schöner zu gestalten, alte Industriebrachen wieder nutzbar zu machen und die Städte somit aufzuwerten, erreicht. Um das Ruhrgebiet, das schon immer eine ganze Reihe an geschichtlichen und kulturellen Potentialen mit sich trägt, auch für den Tourismus zu erschließen ist die Route der Industriekultur eingerichtet worden. Sie wird als „Rückgrat der touristischen Erschließung und Vermarktung des Ruhrgebiets" (Antz, 2003: 25) bezeichnet. Die Route der Industriekultur wurde 1999 in der Trägerschaft des Regionalverbandes Ruhr eröffnet und verbindet auf einem rund 400 km langen Rundkurs 52 Monumente. Mit ihr wird besonders deutlich dass sich Künste und Alltagskultur in den vergangenen 150 Jahren einem Wandel in Wahrnehmung und Wertschätzung unterzogen haben. Das absolute Highlight der Route der Industriekultur ist die Zeche Zollverein in Essen, die 2002 zum UNESCO Weltkulturerbe deklariert wurde. (vgl. Kleiner Zahlenspiegel der Metropole Ruhr 2007: 11)

Allerhand Dinge sind geboten und auf viele, wichtige und einzigartige Details wurde bei der Planung geachtet. So ist es zum Beispiel auch für gehbehinderte, seh- oder hörgeschädigte Menschen kein Problem die Zeitreise zurück in die Industrialisierung vorzunehmen. Man kann sich entscheiden ob man die Route der Industriekultur auf eigene Faust oder in einer geführten Gruppe erkunden möchte. Auch gibt es für die Besucher die

Möglichkeit kilometerlang mit dem Fahrrad durch die Industrienatur zu fahren und die schönen Landschaften zu genießen. Die Radwege sind in sehr gutem Zustand und lückenlos ausgeschildert so dass man auf keinen Fall irgendeinen sehenswerten Knotenpunkt übersehen kann. Drei dieser 46 Knotenpunkte werde ich im Folgenden näher beschreiben.

3.2.1.   Landschaftspark Duisburg-Nord

Quelle: http://www.route-
industriekultur.de/ankerpunkte/landschaftspark/

Der Landschaftspark Duisburg-Nord erstreckt sich zwischen den Stadtteilen Meiderich und Hamborn über ein Gelände von 200 Hektar Fläche. Er wurde von Architekt Peter Latz „behutsam als ein Ort der Vermittlung zwischen industrieller Vergangenheit und neuer Bestimmung entworfen." (http://www.route-industriekultur.de/ankerpunkte/landschaftspark/).

Im Mittelpunkt befindet sich die Meidericher Eisenhütte und drei riesige Hochöfen bilden ein prägnantes Wahrzeichen. Das Freizeitgelände ist ganzjährig Tag und Nacht geöffnet und für den Besucher jederzeit frei zugänglich, ohne Eintritt bezahlen zu müssen. Es ist möglich das Gelände selbstständig zu besichtigen, aber auch an einem geführten Rundgang teilzunehmen. Hierbei gibt es viele verschiedene Motto- und Themenführungen die nicht nur Kinder begeistern.

1901 wurde das Hüttenwerk von August Thyssen gebaut bzw. in Auftrag gegeben. Bereits im Jahre 1908 prägten fünf Hochöfen das Landschaftsbild. In diesem Werk wurde Roheisen als Vorprodukt für die Thyssenschen Stahlwerke produziert. Aber auch hier kam es in den 50er Jahren zu Stilllegungen und das gesamte Hüttenwerk sollte abgerissen werden. Auf Grund von Bürgerprotesten konnte jedoch ein Abriss verhindert werden und das ehemalige Thyssen-Gelände wurde für einen symbolischen Preis von einer DM an Duisburg verkauft. 1960 wurden Schachtanlagen ganz geschlossen und auf deren Gelände breitete sich wilde Vegetation aus. Schließlich fiel das Hüttenwerk in die Hände des Projektes IBA Emscher Park. (vgl. IBA Katalog der Projekte: 40 ff)

Der Landschaftspark Duisburg-Nord verbindet heute die Industriebauten des Hüttenwerks mit der wild gewachsenen Vegetation zu einem einmaligen Licht- und Abenteuerspektakel.

Der ehemalige Gasometer wird von Tauchern als Trainingsraum genutzt und lädt auch Unerfahrene in die größte künstliche Tauchanlage Europas mit 20000 m³ Wasser ein. Die alte Erzbunkeranlage wurde vom Deutschen Alpenverein zu einem einmaligen alpinen

Klettergarten umgestaltet und animiert Jung und Alt sich am Kletterspaß zu beteiligen. Auch ein Hochseilparcours in einer ehemaligen Gießhalle ist vorhanden. Den Besuchern ist es möglich die Hochöfen zu besteigen und die Aussicht über das ganze Gelände auf einer Plattform zu genießen. Abends jedoch wird das bestimmende Element der Umgestaltung der alten Industrieanlage sichtbar: es „ist die permanente Lichtinstallation des englischen Lichtdesigners Jonathan Park, die das Hüttenwerk in eine ebenso geheimnisvolle wie grandiose Lichtgestalt verwandelt und als Landmarke zu einem weiterhin sichtbaren Symbols des Landschaftsparks werden lässt." (http://www.route-industriekultur.de/ankerpunkte/landschaftspark/)

Die Farben rot, grün und blau wurden dabei keinesfalls willkürlich gewählt, sondern dienen als Wegweiser der internationalen Bauausstellung Emscher Park. Die ehemals mit dem Ziel der wirtschaftlichen Rationalität und einfachen Funktionalität errichteten Industrieanlagen stellen heute als Zeugen der Industrialisierung, aber auch des strukturellen Wandels einen romantischen Ort von Industrieruinen dar. Somit wird der Landschaftspark Duisburg-Nord auch als „gewaltige Stätte der Energie, [die] jetzt sichtlich versöhnt [ist] und den Menschen durch Farbe und Licht nahegebracht" wird, bezeichnet. (http://www.routeindustriekultur.de/ankerpunkte/landschafts park/)

Die Freizeitanlage bietet natürlich auch kulturelle Veranstaltungen. So finden in den alten Industriehallen regelmäßig Konzerte, Opernaufführungen, internationale Tanzfestivals und vieles mehr statt. Auch in der Gießhalle des Hochofens 1 verbirgt so einiges. In den Sommermonaten ist hier ein gewaltiges Open-Air Kino untergebracht und auch sonst finden hier zahlreiche Sportveranstaltungen und Feste statt, die nicht nur für Touristen beeindruckend sind. Die alte Industriebrache befindet sich direkt an der A42 und ist über all bestens ausgeschildert. Auch gibt es wunderbare ÖPNV-Anbindungen die direkt zum Landschaftspark Duisburg-Nord führen. Somit ist es für Touristen, ob mit dem Auto oder mit den öffentlichen Verkehrsmitteln kein Problem den Freizeitpark zu besuchen.

(vgl. http://www.route-industriekultur.de/ankerpunkte/landschaftspark/)

3.2.2. Gasometer Oberhausen

Nordöstlich von Duisburg liegt Oberhausen. Auch hier ist ein spektakulärer Knotenpunkt der Route der Industriekultur angesiedelt: Der Gasometer Oberhausen.

Quelle: http://www.dohrenbusch-trippe.de/IMAGES/Gasometer.jpg

Die drei Eisenhütten St. Antonii in Osterfeld, Neu-Essen in Lirich und Gute Hoffnung in Sterkrade wurden 1808 zur legendären Gutehoffnungshütte zusammengeschlossen. Seit 1854 ist die Zeche Oberhausen eine wichtige Rohstoffbasis für die Industrie. Schließlich wird 1929 „im Zuge der Verbundwirtschaft Zeche – Kokerei – Hütte – Kohlenchemie (…) der mit 117,5 Meter Höhe heute noch größte Gasometer Europas gebaut, als Zwischenspeicher für Gicht- bzw. Kokereigas." (http://www.route-industriekultur.de/ankerpunkte/gasometer/)

Dieser wurde im Krieg schwer beschädigt, konnte jedoch wieder in Stand gesetzt und somit 1950 erneut in Betrieb genommen werden. Als Nachfolgerin der Gutehoffnungshütte gehen die Hüttenwerke Oberhausen im

Bereich der Eisen- und der Stahlindustrie hervor. Als es schließlich auch in dieser Region zu Stilllegungen und Zechenschließungen kam, diente der Gasometer noch einige Jahre als Koksgasspeicher, wurde aber 1988 ebenfalls stillgelegt. Seit 1993/94 fungiert der alte Gasometer als größte und außergewöhnlichste Ausstellungshalle Europas und zieht mit vielen tollen Ausstellungen und Präsentationen Touristen von nah und fern an. „Nach Sanierung und Umbau bringt die 1994/95 stattfindende erfolgreiche Ausstellung ''Feuer und Flamme – 200 Jahre Geschichte im Ruhrgebiet`` den Nachweis einer Folgenutzung des gigantischen Industriebaus als phantastischer Ausstellungsraum.''
(http://www.route-industriekultur.de/ankerpunkte/gasometer/)

Besonders beeindruckend ist auch, dass das Wahrzeichen von Oberhausen nicht nur zur Route der Industriekultur, sondern sogar zur europäischen Route der Industriekultur zählt, die 60 verschiedene Knotenpunkte in Großbritannien, den Niederlanden, Frankreich, Luxemburg und Deutschland miteinander verknüpft und für Touristen zugänglich gemacht worden sind.

Im Inneren des Gasometers befindet sich in 4,20 Meter Höhe eine ehemalige Gasdruckscheibe, die den Besucher zu keiner Zeit vergessen lässt wo er sich gerade befindet. Von dem 3000 m² großen Ausstellungsraum aus ist es über zwei Stahltreppen möglich auf die riesige Gasdruckscheibe zu gelangen. Insgesamt verfügt der Gasometer Oberhausen über 7000 m² Ausstellungsfläche und eine riesige Tribüne mit mindestens 500 Sitzplätzen. Außerdem ermöglicht der gläserne Panoramaaufzug dem Besucher die Fahrt bis aufs Dach des Gebäudes. Von dort hat man eine gewaltige Aussicht über das gesamte westliche Ruhrgebiet. Zurzeit findet im Gasometer die Ausstellung ″Sonnenstunden – Wunder des Sonnensystems`` statt. Sie stellt den Werdegang des Sonnensystems als Kombination und Zusammenspiel von Werden und Vergehen dar. „Spektakuläre Nachbildungen des Planetensystems, außergewöhnliche Bilder der Sonne, der Planeten und ihrer Monde, kostbare historische Instrumente sowie die modernste Technologie der Weltraumforschung führen uns anschaulich das Drama der Geburt und der Entwicklung unseres Sonnensystems vor Augen - bis zu seinem Ende."

(http://www.gasometer.de/de_DE/index.php?pid=3_1)

Diese Ausstellung ist auch deshalb so besonders weil sie sich nicht nur auf die Wissenschaft der Astronomie bezieht sondern sie wurde von Künstlern gestaltet und gilt somit gleichsam als Kunstwerk. Hier werden einfach alle Sinne angesprochen und für Besucher sämtlicher Interessensgruppen ist etwas dabei. Unterhalb der Gasdruckscheibe beginnt die Ausstellung mit beeindruckenden Nachbildungen unserer Planeten und des Gesamten Sonnensystems. Auch die Kunstwerke verschiedenster Künstler der ganzen Welt tragen dazu bei, dass die Touristen im wahrsten Sinne des Wortes in anderen Dimensionen schweben. Auf der Gasdruckscheibe selbst wird man von der

Entwicklung, die die Raumwissenschaft vollbrachte in den Bann gezogen. Jahrhundertealte und daneben höchst moderne Gerätschaften, sowie verschiedenste Karten können vom Besucher hier genauestens begutachtet werden. Das unverwechselbare Highlight aber, das die Touristen von überall herbeiströmen lässt, ist der größte Mond auf Erden, der mit seinen 25 m Durchmesser in 100 Metern Höhe über der Manege auf dem Dach des Gasometers Oberhausen schwebt. (vgl. http://www.gasometer.de/de_DE/index.php)

In den kommenden Jahren finden natürlich wieder andere Ausstellungen statt, die bisher jedoch noch nicht bekannt gegeben wurden.

Zu erreichen ist der Gasometer für Touristen mit dem Auto über die A 42, oder mit der ÖPNV ab Hauptbahnhof Oberhausen mit absolut jeder S- und Straßenbahn.

3.2.3. Zeche Zollverein

Quelle: http://www.fachschaft5.de/galerie/albums/Exkursionen/07-04-
17_Exkursion_ZecheZollverein/

Ganz nach dem Motto „Das Beste kommt zum Schluss" möchte
ich in Bezug auf die Route der Industriekultur noch die Zeche
Zollverein erwähnen. Diese galt bis zu ihrer Stilllegung als
modernste und schönste Zeche auf der ganzen Welt. Schon um
die Jahrhundertwende arbeiteten in dieser Zeche rund 5000
Menschen, was bedeutete dass man für genügend Platz und
Wohnraum sorgen musste. Somit entstanden bereits 1859 die
ersten Arbeiterwohnsiedlungen. Mit der Inbetriebnahme der
Schachtanlage XII 1932 wurden nach und nach alle anderen
Schächte geschlossen. Seit den 70er Jahren übernimmt Schacht

XII sogar die Aufgaben anderer, nicht zum Zollverein gehö-
render Zechen. Doch schließlich wird auch hier im Dezember
1986 die letzte Schicht gefahren und es kommt zur

Stilllegung. „Wie früher die Kohle über Förderbänder in die
Kohlenwäsche gelangte, so gelangen heute die Besucher über
eine 58 m lange Gangway auf die 24 m – Ebene der Kohlenwäsche. 90 Sekunden dauert die Fahrt auf Deutschlands höchster
freistehender Rolltreppe." Im Besucherzentrum des Zollvereins
kann man Informationen über eine Vielzahl von Rundgängen
und Führungen sammeln. Besonders beeindruckend sind die
vielen Maschinen und Röhren die bis heute in originaler Fas-
sung vorhanden sind. Nicht umsonst ist die Zeche Zollverein
zum Weltkulturerbe ernannt worden und nicht nur unter den
Touristen bekannt als Wahrzeichen des Ruhrgebietes. (vgl.
http://www.route-industriekultur.de/ankerpunkte/zeche-
zollverein/)

4. Schluss

Wenn man meine Arbeit liest könnte man meinen, dass es den Industrietourismus nur im Ruhrgebiet und nur in Deutschland gibt. Dies ist jedoch keinesfalls korrekt. Industrietourismus gibt es auf der ganzen Welt. Ich habe jedoch beschlossen mich bei meiner Seminararbeit auf mein Heimatland zu konzentrieren, wenn dort sowieso ein „Brennpunkt" wie der Emscher Landschaftspark mit vielen Beispielen vorhanden ist. Um Industrietourismus in Deutschland zu finden muss man aber gar nicht unbedingt ins Ruhrgebiet. Auch in Bayern sind gibt es industrietouristische Attraktionen. Der Unterschied zum Ruhrgebiet ist jedoch oftmals der, dass der Industrietourismus nicht auf Industriebrachen basiert. Als Beispiel wäre hier das Salzbergwerk in Bad Reichenhall aufzuführen. Dort wird damals wie heute Salz gewonnen und von einer Industriebrache kann nicht die Rede sein. Ein Recycling wie bei Flaschen oder alten Industrieanlagen ist hier also gar nicht nötig um dem Salzbergwerk einen Nutzen zuschreiben zu können. Durch den Industrietourismus auf Industriebrachen will man der Menschheit zeigen wie, was und wie viel früher an diesen Orten geleistet wurde. Industrietourismus in noch aktiven Industriegebieten will genau das Selbe. Der Architekt Fritz Schupp ist ebenfalls der Meinung, dass Bergwerke und Industrieanlagen nicht vor der Menschheit verschlossen bleiben dürfen: „Wir müssen erkennen, dass die Industrie mit ihren gewaltigen Bauten nicht mehr störendes Glied in unserem Stadtbild und in der Landschaft ist, sondern ein Symbol der Arbeit, ein Denkmal der

Stadt, das jeder Bürger mit wenigstens ebenso großem Stolz dem Fremden zeigen soll wie seine öffentlichen Gebäude" (Boshold 1999: 71) Wenn es erst einmal soweit ist, dass die Industriebauten als gleichwertig mit den übrigen Gebäuden einer Stadt angesehen werden, wird es nicht mehr lange dauern und der Industrietourismus wird der Menschheit genauso geläufig sein wie der „normale" Kulturtourismus. Dann stellen sich viele, wenn sie das Wort Tourismus hören, vielleicht sogar nicht mehr nur Sonne, Strand und Mehr vor, sondern auch wild bewachsene Gebäude aus dem Zeitalter der Industrialisierung.

5. Literaturverzeichnis

Sack, M. (1999): Siebzig Kilometer Hoffnung: Die IBA Emscher Park – Erneuerung eines Industriebetriebes. Stuttgart

Lösl, W. (2005): Methode zur Revitalisierung, Modernisierung und Umnutzung von Industriebrachen (Wissenschaftliche Schriftenreihe des Institutes für Betriebswissenschaften und Fabriksysteme, Heft 41). Chemnitz

Kreibich, R. (1994) Bauplatz Zukunft: Dispute über die Entwicklung von Industrieregionen. Essen

Regionalverband Ruhr (2005): Atlas der Industriekultur, Ruhrgebiet. Essen

Habicht-Erenler, S. (1989) Umnutzung von Industriebrachen – Initiativen entwickeln Konzepte (Dokumentation einer Tagung der evangelischen Akademie Loccum). Loccum

IBA Emscher Park (1998): Das Programm. Gelsenkirchen

Faust, H. (1999): Das Ruhrgebiet – Erneuerung einer europäischen Industrieregion. Impulse für den Strukturwandel durch die Internationale Bauausstellung Emscher Park. Europa Regional, 7, H. 2:

IBA Emscher Park (1999): Katalog der Projekte. Gelsenkirchen

Boshold, A. (1999): Industrie-Tourismus im Lausitzer Braunkohlenrevier: Perspektiven zum Strukturwandel einer ostdeutschen Industrieregion. Berlin

Gelhar, M. (2005): Industrietourismus am südlichen Niederrhein. Analyse von Grundlagen, Angebotsstrukturen und Entwicklungspotentialen unter Berücksichtigung räumlich historischer Aspekte. Bergisch Gladbach

Antz, C. (2003): Industrietourismus in Sachsen-Anhalt. Kulturtouristisches und industriegeschichtliches Rahmenkonzept. Magdeburg-München

Gelhar, M. (2008): Das Ruhrgebiet. Landschaft Industrie Kultur. Darmstadt

Regionalverband Ruhr (2007): Kleiner Zahlenspiegel der Metropole Ruhr. Essen

Hüchering, R. (1997): Tourismus im Ruhrgebiet - Der Beitrag der Internationalen Bauausstellung Emscher Park. (Materialien zur Fremdenverkehrsgeographie H. 41). Trier

Internetquellen

http://www.oekozenter.lu/oekozenter/showimage.php?idimagelibrary=136&type=image&0.9984434261421828

http://www.mediathek.bayern.de/infografiken/pic/flaecheninanspruch.gif

http://www.iba.nrw.de/images/thema/1_daten1.gif

http://www.route-industriekultur.de/ankerpunkte/landschaftspark/

http://www.dohrenbusch-trippe.de/IMAGES/Gasometer.jpg

http://www.fachschaft5.de/galerie/albums/Exkursionen/07-04-17_Exkursion_ZecheZollverein/normal_070417_Exkursion_ZecheZollverein_013.jpg

http://www.route-industriekultur.de/ankerpunkte/index.php?idcat=12

http://www.landschaftspark.de/de/home/index.php

http://www.route-industriekultur.de/ankerpunkte/gasometer/

http://www.gasometer.de/de_DE/index.php